DR NORMAN WATSON was a jour
Dundee for 25 years and wrote more than 5,000 news features for
the paper. He remains a *Courier* columnist and is now publishing
giant DC Thomson's company historian.

An award-winning author, his books include the bestselling
Dundee: A Short History (2006), *The Biography of William
McGonagall* (2010), the internationally acclaimed *Dundee
Dicshunury* (2012) and *Eh Hud Ma Ehe on a Peh* (2016).

As a historian he has co-curated major exhibitions in Dundee,
London and Edinburgh and in 2006 was invited to open the
Scottish Parliament's first-ever public exhibition.

'Wha Bohked in the Aspadeestra?'

More of the best of the best of those resonant Dundee sayings

NORMAN WATSON

Illustrations by
BOB DEWAR

Luath Press Limited

EDINBURGH

www.luath.co.uk

First published 2022

ISBN: 978-1-80425-023-5

The paper used in this book is recyclable. It is made
from low chlorine pulps produced in a low energy,
low emission manner from renewable forests.

FSC
www.fsc.org
FSC® C023387

The mark of
responsible forestry

Printed and bound by
Robertson Printers, Forfar

Typeset in Freight Text Pro and Brando Sans by
Main Point Books, Edinburgh

Contents

Introduction   7

Pehzn Beans an' Pehzn Peas   9

Lockdoon & the Vehrus   25

Oot an' Aboot   45

The V&Eh   55

Ut Wir Denner   67

Wurds on Weather   81

Matteramonial Matters   93

Domestic Bliss   105

Shoppin'   115

Nustalja's No' Whut Ut Yasti Be   125

Politics   135

Introduction

ATWEEN YOU AN' Eh, mair sayings in the Dundee Mither Tongue taks iz up the Blackie an' doon the Hackie tae rediscover the very best o' wir local lingo.

So buck'l up and strap on yir seatbelts for a brah an' bumpy ride alang eviry twist an' turn o' the Dundonese dehelict.

The baith o' wiz will meet Shuggie and Dod and dip intae the murky waters of politics, the vehrus, the V&Eh an' the peh-eatin' democracy we a' ken uz Dundee.

As iywiz, thur's nae offence meant tae naebody. Pehzn beans an' pehzn peas. Maist o' wiz ur here – pehs furuz a'.

Pehzn Beans an' Pehzn Peas

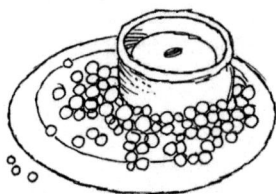

Hing on a meenit. Whurz the peh stahll?

Are there no pies here?

S'um'teen y've hud arriddy

Don't be greedy

Pehs ryhme wi' supplehs!

Poetry in motions

WHA BOHKED IN THE ASPADEESTRA?

Pehs fur baith the twa o' wiz – frehd – fur wir ileevinses

The usual, please

Meet iz ut the half-oor wi' the pehs

Can you bring along lunch at half-past?

Bridies an' pehs, ony sehze – doon peymints requehred

Dundee shop sign

M'oota the peh cupboard yi hungry wee tyke

Can't you wait till dinner, Jonny?

Eh've hud some pehs in meh time

I don't mince my words about pies

Surprehse, surprehse – pehs ur ubtainable on tick

Peh-ment facilities are available

Cahld pehs ur oor restchirint spaishulty

A Dundee treat for gourmets

Thur swahrmin' like flehs roon' the Swahlly-a-Peh-Hale Competeeshun

Entries closed!

Speshulehsed subjict is peh-crusts
Hugh's ready for Mastermind and Bake-Off

Furra baker he's got a fingur in ivry peh
The power of the Dundee pie

Twa millyinairre shortbreids an' a peh, please
Breakfast

Eh micht uz weel huv anither ane

Same again! Twa pehs?

Intrehpit peh taster wantit; big mooth issenshul, inquehre within

Job satisfaction guaranteed

Pehs fur a'bdee – wi' a fuhll quo'a o' mince an' nae snotters

Are these today's pies?

Wir prehze-winnin' peh shops huv a' gone – even wir peh empohrium

The pitfalls of progress

Gie wiz a peh furwur tea

I'm ready for my evening meal, thanks

Inevitubly Eh've ait countless pehs n' black pudd'ns

A Dundee aficionado

Nae pehs? Oh meh, whuttli dae?

What's the number for Trading Standards?

Dinna tell yir gran hoo tae ait pehs!

Been there, seen it, done it

S'no' jist the peh thut's fuhll o' mince!

You're talking nonsense

It's whut's called earnin' a crust

Work in a pie shop

A peh's a sicht fur sair ehs

Song of the returning Dundee exile

This peh's a moothfu'

Mmmm... that's a good size of pie

Rinse yir hair'n peh gravy 'n' mak it brah an' shiny

Usual shampoo, madam?

Izn that a naffy price furra wee peh?

How much?

Eh'll fohrego the salid

Just the main course, please

Huv ye got a veegitarian peh wi' bilin' beef?

A diet bordering on fussy

Oor choice o' fillins' – mince

Limited choice

Yi canna beat a nauld-fashint peh shop

The beating heart of Dundee

Wahrm pehs? Jist lave it tae iz

A minute in the microwave should do it

Kinna huv half o' yours?

An inappropriate question in Dundee

Shut yir ehs an' think o' the dreepin' mince

Pre-lunch hallucinations

Eh've iy wondert hoo they git the mince intil thum

Made by magic

Hud on a meenit till Eh feenish meh peh

Never rush a Dundee pie

Gie it a wallup inth' mehcrowave biler

Two minutes should do it

Eh'll see whut Eh kin dae

Supply and demand

Glasgae salid wi' thum?

Chips on the side as usual?

Lockdoon & the Vehrus

Eh huv masel booked jags fur wiz baith

That's us sorted for vaccinations

The Deep Sea hiz kept wiz fae stervin'

Hooray for Dundee's historic chippy

Hugmanay cancelled – Eh'm horrifehed!

The shortbread's back in the tin

Wiz yous vaccinahtit wi' a gramiphone needle?

Stop talking!

Eh keep masel tae masel

I'm self-isolating

Nae doot the Krehmay's hochin'

The death rate's climbing

Eh wuldna bahther getting' yir heid sharpin't

Hair today, hair tomorrow

Keep aff the pavee an' iywiz keep left

Social distancing

Ye cannae dicht the dreep fae yir nose wearin' a mask

I need a wet wipe

Eh'm ehsolatin', but bide a wee meenit

Stay for a bit, but keep your distance

**Lockdoon!
Nae need tae clean the hoose**

What's the point of dusting?

D'yi no' tak cash at the tuhlls no mair?

What's cash?

S'a peety furloh huz feenished

No more handouts

Gup, goot – an' git tae work

Get off to your work you lazy git

Suxty ti'let rohlls. She's aff her trohlley!

Panic buying that isn't pies!

The pandeemic huz shut the lehb

The library has closed

**Lazinaboot? No, suhlly,
Eh'm hameworkin'**

What do you mean I'm skiving?

A peh in each haun avoids touchin' yir face

Staying safe, the Dundee way

We must sojer on, uz they say

No point in moaning about things

A' restchirints ur aff leemits

What's Deliveroo's number?

The vehrus requehres constint vigilance on the pert o' wiz a'

Government billboard in Dundee

Is the Swahlly quarinteened?

Is the Landmark Hotel safe?

Online coorses noo furruz a'

Everyone's on Zoom

Nae minglin'
or ull blah the whustle on ye

Refereeing the Covid crisis

Holidays ut hame. Pass the suntan ile

It's Grassy Beach for me

Uf coorse, wir hopin' tae git awa' ut the back-end

I'm hopeful of a holiday later

Whut wiz life like afore lockdoon startit?

Happy memories

Ehsolatin'? Izn that a naffy peety?

He's been awfully not well

Romeo an' Juliet iza Verona Crehsis
Really!

It's no' a mask she needs, it's a disgehz
She needs a face covering

He's aff hiz work at the drap o' a bunnet
Any excuse for a sickie

Ut leist thur's fresh air ootside

Exercising common sense

Ull tak yir tehmprichir

Let me check your vital signs

A' meh days noo begin wi' a lang leh

It's pointless getting up early

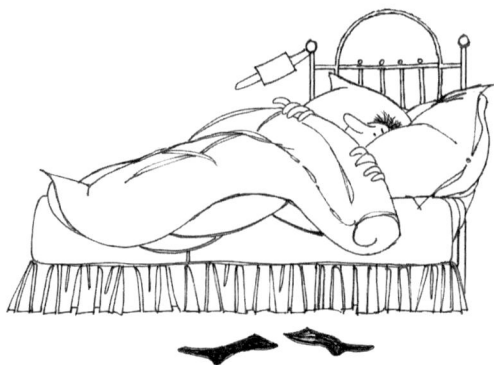

Heeza spluttin' heidache an' a dreepie nose

He's coming down with something

The stey-ut-hames should venchir oot o' doors

Most folk are staying safe

WHA BOHKED IN THE ASPADEESTRA?

Lahu'ral flohs git richt up m'nose

I'm positive – the tests are awful

Gie'm his joo, he's hame-skailing the bairns

A man's work is never done

Day a hunder-an'-eleeven ut hame

Lockdown continues

Huv you caught the vehrus an' a?

You, too?

She's no' daein' a turn, she's takin' a turn

Call an ambulance

Therza gradjil easin' back o' restricshuns

Normal service resumed

Eh niver hae onythin' wrang wi' iz

I thought I was all clear

Uf coorse, Eh thocht it wiz jist the flu

Covid crept up on me

Vaccinashun in the ootlehin's schemes? Whutiver next?

What's Dundee life coming to?

S'time lockdoon feenished

When are things going to get back to normal?

Eh wiz faird Eh wid deh. Eh defehed the oadds

Ah, ah, ah, stayin' alive...

Meh man's self-isolatin'

My husband is in prison

Oot an' Aboot

Beh the wey – Eh'm fae upthi pendee

Hello, I'm your new neighbour

'Llawa upthi Lah furra saunter

I'm off for a walk up The Law

Whaur wiz Eh? Oh eh...

What was I saying? Oh yes...

C'way an' wull gup an' see Shuggie

Let's call on Hugh

Eh'm gettin' a wee gazebo furra gairden, fuhnds permittin'

The summer house is on the way

Oor lehbray's the best – but wahnts tae keep it quiet

Shhh! Don't tell everyone

Eh'm lehrnin' tae speak the Dundeh wey
I'm taking language lessons

Wharuryi? Thur's sumbidy tae see yi
Where are you? You're wanted

Here's a poond. Awa' an' git yersel the teethache wi' it

You're getting on my nerves

Lit's see whut wull tak wi' iz tae Campie

What do we need for our picnic?

Dinna fleg the doos in the squahre

Stop chasing the pigeons

Whut's said in the Huhlltoon stays on the Huhlltoon

Your secret's safe with us

Dinnae fa' ovir the cribbie

Don't trip on the kerb

M'wah. Eh've got tae skoot

Bye

Twinty's plinty in S'n Mary's

The limit's twenty here

Cehclists ascendin' the Conshie – shairly nut!

The wheels come off common sense

Sweemin' in the Stoabie's proheebited

No swimming at Stobswell

Atween you an' Eh, Eh've got a ragin' thurst

Fancy a pint?

Pittin' a lehbray on tap o' the Lah – Eh admit, meh ehdea didnae go doon weel

Book a reading

Um wahrnin' ye – yir no' gaen oot

You're staying in

Wulla goot an' gitta pehper?

Shall I get you a newspaper?

Eh, the Tully – the Huhlltoon edeeshun

Yes, please, an *Evening Telegraph*

Um no' wahtin' oot

Suit yourself

WHA BOHKED IN THE ASPADEESTRA?

The V&Eh

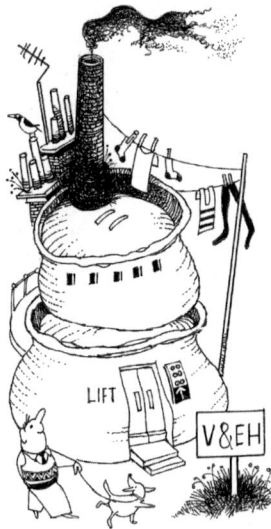

Wuz yous anes ut the V&Eh?

Did you visit the V&A?

Eh

Yes

A narchitect'ral gem meh granny

It's architecture gone mad

Nashnul treesure ma bahooka

It resembles a cement works

Spiled the skehline o' oor skehscrapers

It's ruined the town's elegance

Eh telt the coonsil t'flatt'n the ehsore

It would benefit from demolition

It wiz iy ovir the tap – peh in the skeh

I don't think it was ever a runner

Unjustifehed ixpense. Eh wiz ootraged

The costs were astronomical

The Hulhltoon needit a furniculur railway

Money was needed elsewhere

Eh, an' thur's niver money tae buhld a new peh shop

Where did the £80 million come from?

Whutta sicht. They knock'd doon the Sweeemies furrit

Its location was all wrong

It wiz aywiz lehable to spile the Tey

It's spoiled our estuarial location

Dundonese culcher iz a peh on tap o' anither peh

Who needs the V&A anyway?

An' it's no' a place furra cheep swahllie

The bar's really expensive, too

S'like a nauhld tenemint

It resembles a block of flats

Tenemints huv bigger windaes!

Most houses let in more light

It shid be up th'Diddupy or Seedlies, but it wiznae tae be

What was wrong with Dudhope Park or up the Sidlaws?

Whut in the name o' hivvins wiz they thinkin' aboot?

Who voted for it?

Ripped the hert oot o' the toon

It ruined Riverside

Disnae dae much furra inhehrinmint

Bury it in landfill

Weel-aff Broughty Ferry fowk wir appahlled

The riverside suburbs were unhappy

It could dae wi' a reekin' lum

It needs a distinctive Dundee flourish

Hud yir wheesht. It gies opporchoonities fur a'body

It provides lots of employment

An' it's twa meenits fae the toon. M'wah there noo

It's really central and hands-on

It's got an inxhastible suppleh o' admehrers

Visitors love it

Whut aboot the brah check-oot lassies?

Its staff are, er, really professional

An' exhibeeshuns in the Mither Tongue

There's local displays, too

Eh'm a n'affy proud Dundonesian

I love my home town

Wir a' open tae enlichtenmint roon' here

We were definitely up for it

There wiz nae vehable ulternutive

It's in the perfect location

S'bringin' in folk beh the thoosint

Tourists come in droves

Ut Wir Denner

CHOONIE

Pit yir choonie doon the cundie

Get rid of that chewing gum

Black pudd'n an' a barra choclit, please

I'm back on my diet

Swahlly yir sangwidge an' let's awa
Eat up. We've got to go

Bridies hae ingins an' ither ingreejints
They're not just mince, you know

Eh wiz on a diet fur ages – fehve hours!
Not lost much weight this week

Frehd mince iza weh o' life in Lochee

That's where they hang up mince

Huvyi trehd it? Gie's yi heartburn

It's high in cholesterol

It's nae wurse than the dumplin' m'ahnti yased tae mak

Give it a try. It's not bad

Diz the Tatties-an'-Mincery at the tappa the Huhll dae deliveries?

Fancy a takeaway?

Chips ur iywiz ahtamatic wi' spighetti bolog-naiz

Breakfasts are quite filling here

How come bootchirs ur a' first-cless?

Cutting to the bones of the issue

Gie the doos whut yi canna ait

Give the left-overs to the pigeons

Wahtch an' no' snottir
when yir frehin' the sassidges

Wipe your nose when you're cooking

Eh niver sey no tae a cuppa

Tea would be great, thanks

Yi wudna ken a naippul fae a ploom!

Time for a new hobby?

Meh aippul trees ur pear-shaped!

I haven't got the hang of horticulture

Eh've ait yir piece

Sorry, I've started lunch without you

WHA BOHKED IN THE ASPADEESTRA?

Gie wiz a scone an' a bit o' bu'er
Can I have a scone with butter, please?

Feenished? No' beh a lang chahlk
No point in wasting good food

Meh jah's sair wi' chewin'
When were the scones made?

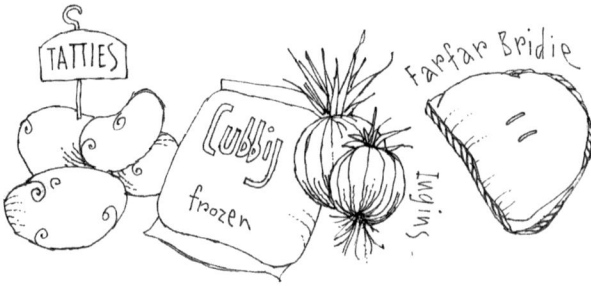

Tatties, cubbij, ingins an' a bridie – Eh'm stervin'

A snack before lunch

Wir at wur denner

We're having lunch at the moment

Keep an eh on him – he taks a buckit

Watch him – he enjoys a tipple

Eh've niver hud mince an' chips, huv you?

Life on the culinary edge

Eh've pit the denner inthi ovin

Lunch is on the way

M'dad madiz eatit a'. Croolity!

Salad again!

Ca canny wi' the seerup

Go easy on the dressing

Eh'm fu'

I've eaten too much

Is the kettle no' on yet, yi big lump

Where's my cuppa?

Eh'll dae the pieces.
D'ya want traikle on yir sassidges?

I'll do lunch. The usual sandwich?

Eh've t'go up furmi tea

Got to go. I'm expected.

Whut ur yi haein' fur yir tea, beh the way?

To which the answer is usually, 'Eh'll huv a peh'

Wurds On Weather

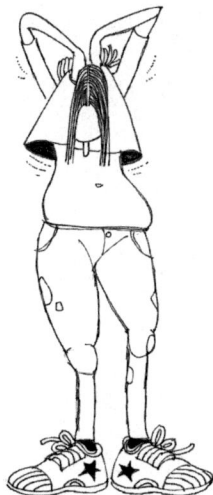

11°C. Taps aff!

Flesh everywhere

It's lashin' witherwehse

It's bucketing

S'affy wahrm in here, iy?

Tad hot now...

Brah day furra picnic ut Campie

Isn't it perfect picnic weather?

Jeckets aff – it's plott'n

Wow, how warm is this?

Thur's no' a cloud inthi skeh

Beautiful day, isn't it?

Gie's a skek at the forhcast

Let me check the weather

Wir barome'ir seys dreh

The forecast's okay

S'cahld, iy?

Isn't it chilly?

The sna's lehin' in heaps –
Eh telt ye it wiz cahld

Brrrr! Winter's here

A tear hiz jined the dreep that's
ut meh nose

The cold's getting to me

Close the windae! Ur yi trehin' tae
heat Dundeh?

Shut the window – it's freezing

Eh'm ringin' – ma feet ur lettin' in

My shoes are leaking like sieves

Meh fingirs ur a' thumbs wi' the cahld

The weather's numbing

Eh'm dreep drehin'

I'll dry off soon

Eh'm Sayin....

S'blawin' a hoolie oot there

Wind's getting up...

Meh, it's affy cahld
Goodness, isn't it chilly?

Jist uz hings wiz lookin' brah, Eh'm drookit
Thought I'd get away with a T-shirt

Rehndraps keep fa'in' on meh heid
It's pouring

Global warhmin's a' hot air

Climate change? Bring it on

Hing oot the washin' an' hope furra best

Put the washing out, please

Pit the claes in th'greenie

Peg it up in the back area

Affy wither, intit?

Isn't the weather terrible?

Intit?

Isn't it?

S'naffy mohrnin'

It's horrible

S'no' half

Isn't it?

Dinae stan' there in the rehn like a big lump

Come in. You're soaking

Mahrvluss, intit? The sna'draps ur oot

Spring is sprung

Matterramonial Matters

Flooers fae him doon beh –
thur fair mingin'

How, er, sweet – a bouquet from your boyfriend

He's a richt belter

He's not the most intelligent man

Eh'm as weel tae hud meh tongue

Best to keep out of this

Bachelor fur life, or awa' fae the wife?

Is he still single – or single again?

Eh mind when a mither could gie her lassie's man a belt in th' gub when he asked furrit

Happy days!

Start the wey y'mean tae gae on wi' wimmen

Practice makes perfect

She's seein' Shuggie-somethin'-ur-ither
I'm unsure of her boyfriend's name

Shuggie an' me wur bairns thegither
It's Hugh, and I've known him from schooldays

Heeza naccidint waitin' tae happin

He's hopeless

Eh'm jist a pit-upon hooswife

He thinks I do nothing all day

He's in the jile... f'ra Eh care... he's a numptay

Best place for him – he's an idiot

Mahrvllus – he's run awa'

Oh dear, he's left me

He's run aff wi' the neebur... poor sowl

My gain, his loss...

Closer 'n' closer in the closie – first rule o' the Lochee Freendly Susehity

Close encounters

S'like twa neeps in a weet blankit

She has a rather pronounced bottom in that skirt

Rest ashaired, Eh'm a'riddy spoken fur wi' a nahld flame

Yes, I have a girlfriend actually

Ur thay sexy undies satin?

No, they're brand new

Dod huz a meesterious farawa' look – he's on auto-pehlit

George is not quite himself today

Whaur hiz meh slim figger gontae?

I've put on a pound or twa

Eh'd be dehlitit tae gie yi a birl

Would you like to dance?

Fancy iz d'yi?

Do you think I'm attractive?

Shuggie's iy been a peh'rul heid

Hugh's a bit of a boy racer

S'offishal! He's been designatit a sma' planet

He's put on some weight

She's twa faced – an' nane o' thim's pretty

You can't trust her an inch

He's iy been a lookir

He's a voyeur

Thur's a face that wid soor mulk

She's a misery

Wha wears the breeks in this hoose? No' me!

Who's the boss here – and it's not me?

Eh met a naffy rare fella this affy

I'm in love again!

Uneez gaenti merry me. Um that excitit!

This is it, this time

S'affarthi best, nae doot

Good for you

Domestic Bliss

The scruff dinnae bide oot the Perthie

Generally the Perth Road's for toffs

Gies some peace! Yir daein' ma heid in

Can you shut up for a minute?

Suhlly biz'm – she's upti the Hegh Coort fur fleh tippin'

A rubbish thing to do

He's as yasefuhl as cahld dumplin'

He's not one for DIY

Time we hud the hoose penter in

The lobby need doing

Wha's that ut wir door?

Who's calling?

He wahlks Fehve Miles ivry day –
it's the name o' his dug!

Pets 'r' Uz

Wir enterin' Lochee – wu'll hae tae
disgehse wirsels

Abandon all hope...

Yi'v a face on yi like a constipatit coo

What's wrong with you?

WHA BOHKED IN THE ASPADEESTRA?

A wee joab'll no' herm ye

Have you ever given work a thought?

Yir nippin' ma heid

Stop complaining

Whut it wuz wuz that I wuz oot

Sorry I wasn't home

Eh'm oota here, iy

I'm off

Eh've been chained tae the sink since wir merridge

I'm a domestic slave

Meh o' meh, the new neebur's a nopteecian

The new neighbour's a sight for sore eyes

Fur sale – a palashyil hame up the Hackie

Tenement flat for sale in Hawkhill

M'wah t'the pub t'get wellied

I'm off for a half pint or so

Eh've got twa weaknesses, bein' forgitfuhl, an' anither ain

The memory's going a bit

She sees abody fae her windae
She's a nosey so-and-so

Wir mem'ry likes t'play wiz tricks
The rest of me's going a bit, too

Pit the door on the snib fir iz
Leave the door on the latch for me

Yir like a Christmas caird – iywiz greetin'

Stop moaning

Dae it yersel. Uv hardly hud a meenit tae masel'

You do it. I'm run off my feet

Um in masel listnin' tae sangs and choons on Spotifeh

Come on up

He's nae yase uz a breidwinner

He's hopeless with money

Shoppin'

Muchiyiwahntn?

How much is this, please?

Can Eh pey a deposit ona deposit?

It's a little too expensive

Whut sehze ur you, madam?

Er, would you like to try another size?

Nacherly she hopp't it withoot peying

She's from Perth

The plenn-claes polis ur wahtchin' uz

The store detectives are on to us

Mither's hud a win'fa'

Mum's in the money

Oh meh! Ten years t'pey fur hegher price ehtems

Buy now, pay later

Eh'm no' a tehcoon?

I'm not made of money

Wir supplehs cumfae Leedhl

We do our shopping online

'Supti' you – Eh'm eaksy-peaksy – spile yersel

Please yourself

Achawa' – nae cheenge o' a poond?

What sort of shop is this?

Eh wiz jist windie-shoppin'

I'm not buying much today

Uz Eh'm seek an' tehr'd o' tellin' ye, Eh'm skint!

Sorry, I can't afford it

Money talks. Mine seys 'cheerio'

I'm not brilliant at budgeting

'Much iz it?

Does this have a price?

Withoot a doot, she's mintit

She's from the Perth Road

This crehs furra a bit o' a spree

The sales have started

Eh'm no' trailin' roon' the toon. Whut's wrang wi' Lochee?

Shop local

Goot o' m'road! The sales ur on

Let's get to the bargains

Treh it on fur sehze – yi nivir know...

Er, perhaps a larger size, Madam?

He's takin' steps tae deal wi' his escalator phobya

He's vertigo-go

Beh, beh, beh – until yir skint!

Spend, spend, spend...

Whutta fleg tae gie iz

How much?

Beh the wey, ur we gettin' a reducshun?

Can we discuss a discount, please?

Nustalja's No Whut Ut Yusti Be

Meh EhPhone's lohst...

I can't find my phone

Whaur...?

Where did you lose it?

S'doonthi cundie...

It fell down the drain

Achawa, it slupped doon a cundie?

Never! It's down a conduit?

Eh

Yes

G'wa...

I don't believe you!

Yir sannys ur mingin'

Is that smell coming from you?

The Washies – niver the Steamies!

Taking Dundee words to the cleaners

Chap iz up the mohr'n

Call on me tomorrow morning

Eh could hing oot the washin' on that pett't lip

No point going into a sulk

G'on an' gie yir face a dicht

You might like to clean your face

Wan toot an' yir oot

Quiet, or else...

It's no a drehin' green – it's a lahn

This is our grassed area

How time flehs

Goodness, is that closing time already?

Gie wiz a sang, or cheenge yir choon

Sing up, or shut up

S'doonhuhll a' the weh

The in-laws are here

Whut a nootrage... wir pletty's bein' used beh the neeburs

Trespass!

Wheesht? Ye'll wahken the bairns

Quiet, the children are sleeping

Yir room's an area o' multipul deprihvashun

Your bedroom needs a tidy

Thur hoose is call'd Disneyland – he dusney work, she dusney care

Lazy so-and-sos!

We dinae ken whut we dinae ken

I didn't not know that

Eh didnae ken that

Neither did I

Ivry day's a skail day

I'm always learning something

Meh train o' thocht is affline

I'm not quite myself today

Na nuttata. Eh'm no' feart o' spehders

I don't mind dusting the corners

Politics

Thuv a' been brehn-wahsh't beh the governmint

People do what they're told

Boris duznae dae it furriz. Dootless um no' alane

I'm not one of Mr Johnson's fans

Acshully, Eh'm in charge noo – an' Eh'm cloolis

Safer to leave things to me

Attichoods on Brehxit huv cheenged

Brexit hasn't turned out so well

Politics iz proheebetit in peh shops

Pie priority rules apply

Equahality fur weemin,
asehlum seekirs an' peh-shops

Political correctness – Dundee-style

The Stoabbie elecshun coont wiz rigged
Trumpism in Tayside!

Ta'en a' thigither, the Tories ur spehrallin' oot o' control
A challenge for Conservatives

Labour Party policy? Gie's a skiffy
What does Labour stand for?

We hufti feel wir wey wi' Hame Rule. Caushun is requehred

Let's go slowly with independence

Eh've tae indure week efter week o' signin' on

It's not fair what they put you through

Heeza young heid on auhld shithers

He's as daft as he looks

Sturgin's iy richt, nae metter whut folk sey

The First Minister is still in first place

He's mair right-weeng thin Stanley Matthews

He's far-right of right

The Brehxit hubbub huz dehd doon

Europe's off the radar

Order! Order! –
the Prime Meenistir's oot o' order

Politicians are all out of order

A Tory?
Whut a nootrageous lehbeliss slander!

Do I look like a Conservative?

Oor skaillavers mak a career
oota unimploymint

Out of work, out of mind

The huvs and huv-nuts
baith huv ambeeshuns

Everyone deserves an opportunity

Wir messin' wi' the lahs o' nacher
an' the nach'ral invehrinmint

Climate change is coming

Thur's nae substichoot furthi greenhoose effect

Climate change is definitely coming!

The Hoose o' Lords iz a bit o' a cerry-on

Lord knows what they do there

Me apathetic? Eh dinnae really care

Politics is not for me

Luath Press Limited

committed to publishing well written books worth reading

LUATH PRESS takes its name from Robert Burns, whose little collie Luath (*Gael.*, swift or nimble) tripped up Jean Armour at a wedding and gave him the chance to speak to the woman who was to be his wife and the abiding love of his life. Burns called one of the 'Twa Dogs' Luath after Cuchullin's hunting dog in Ossian's *Fingal*. Luath Press was established in 1981 in the heart of Burns country, and is now based a few steps up the road from Burns' first lodgings on Edinburgh's Royal Mile. Luath offers you distinctive writing with a hint of unexpected pleasures.

Most bookshops in the UK, the US, Canada, Australia, New Zealand and parts of Europe, either carry our books in stock or can order them for you. To order direct from us, please send a £sterling cheque, postal order, international money order or your credit card details (number, address of cardholder and expiry date) to us at the address below. Please add post and packing as follows: UK – £1.00 per delivery address; overseas surface mail – £2.50 per delivery address; overseas airmail – £3.50 for the first book to each delivery address, plus £1.00 for each additional book by airmail to the same address. If your order is a gift, we will happily enclose your card or message at no extra charge.

Luath Press Limited
543/2 Castlehill
The Royal Mile
Edinburgh EH1 2ND
Scotland
Telephone: 0131 225 4326 (24 hours)
Fax: 0131 225 4324
email: sales@luath.co.uk
Website: www.luath.co.uk